不要发脾气

[英]亚尼内·阿莫斯 / 著　　[英]安娜贝尔·斯彭斯利 / 绘

[英]雷切尔·安德伍德 / 幼教顾问　　贾洪宝 / 译

知识产权出版社
全国百佳图书出版单位

写在前面的话

有时,你在愤怒时的表现,不仅会令你自己感到惊恐,也会让别人觉得害怕。无论是对自己还是对朋友,发脾气都是不好的行为。当你感到愤怒时,下面这些步骤会对你有所帮助:

1. 认清你的情绪。
2. 如果你真的感到愤怒,就向别人倾诉。
3. 和大人一起讨论你遇到的问题。
4. 商量出一个解决问题的办法。

读读这本书中的故事,学学解决情绪问题的方法吧!

发脾气的汤姆

汤姆正在用积木搭太空站模型,他用的积木越来越多,太空站也越来越高,都快搭成高塔了。
可是,这个高塔开始有点儿倾斜。

汤姆把塔搭得更高了,可是塔顶有点儿歪,这让他非常担心。

突然,太空站轰然倒下。
汤姆一下子气愤极了,大发脾气。

他一拳打翻模型,把桌子上的积木推到了地上;又飞起一脚,将一块积木踢到了房间的另一头。

凯茜老师走了过来。

"嗨!"她对汤姆说,"我知道你很生气,但我不允许你这样乱发脾气,因为这可能会伤害到别人。"

汤姆一句话也没说。

"汤姆,我看得出你真的生气了,你的脸都红了。"凯茜老师接着说,"你感觉就要气爆了,对吗?快把手里的积木给我。"

汤姆紧紧抓着那块积木,全身都在颤抖。"我真想把它扔了。"他气呼呼地吼道。

"你的脾气这样大,非要扔积木不可吗?"凯茜老师问,"能不能做点儿别的事情,不会伤害自己和别人的?"

汤姆想不出来该做什么。
"你可以去踢那个大垫子。"凯茜老师提醒他。

凯茜老师把汤姆领到大垫子前面。
汤姆放下积木，一次次地去踢垫子。

汤姆踢了一脚又一脚,直到心里的怒气都消失了。

跳到月亮上去

　　艾丽斯和霍利正在操场上玩,她们的跳绳都是新的,两个人肩并肩地边跳边数数。
　　"咱们看看谁跳得多!"艾丽斯提议,"一起比一比。"
　　"好吧!"霍利回答。

艾丽斯先来,跳绳被她抡了一圈又一圈。霍利数着:"18、19、20。"艾丽斯一共跳了20个,她觉得腿有点儿累,就停了下来。

现在轮到霍利了。艾丽斯坐在一旁看着,大声地帮霍利数数。

霍利跳呀跳呀,艾丽斯数不下去了。

"20、21、22……"霍利最后拉着长腔报数,脸上也露出了开心的笑容。

艾丽斯气得浑身颤抖,她站起来,用力地把跳绳扔到了地上。

"我讨厌你!"艾丽斯冲着霍利喊道。
"不,不是!你只不过是因为输了而生气!"霍利说。

凯茜老师听见争吵声,赶紧跑了过来。
"艾丽斯因为我赢了就发脾气。"霍利告诉老师。
"应该是我赢的!"艾丽斯难过地说,"我玩跳绳玩得最好。"

"你认为自己在全班同学中跳得最多吗?"凯茜老师问。
"不,是在全校!"艾丽斯坚定地说。

"那全国呢?"凯茜老师问。
"全世界呢?"霍利问。
"我想在全宇宙中跳得最多!"艾丽斯回答。

"让我们一起跳到月亮上去吧!"霍利开着玩笑,捡起了艾丽斯的跳绳。

"好吧。"艾丽斯的气全消了,她大笑着接过了跳绳。

艾丽斯和霍利又肩并肩地跳了起来。

学会解决问题

每个人都有生气的时候,这很正常。生气时,愤怒情绪可能会控制我们,使我们失去理智、大发脾气。

如果你注意到有人正在生气，就停下你手边的事，去叫老师或别的大人来帮忙。如果是你自己生气了，一定记住：不要伤害别人！不要伤害自己！不要损坏东西！要大声说出来！

图书在版编目（CIP）数据

不要发脾气 /（英）阿莫斯著；贾洪宝译 . — 北京：知识产权出版社，2016.1

（我能管好自己）书名原文：Why lose your temper？

ISBN 978-7-5130-3302-2

I. ①不… II. ①阿… ②贾… III. ①品德教育 — 儿童教育 — 家庭教育 IV. ① G78

中国版本图书馆 CIP 数据核字 (2015) 第 013661 号

First published in the United Kingdom by Cherrytree Books,2000
Copyright©Evans Brothers Ltd.
This edition published under licence from Pila Books Limited.
This edition is only available for sale in Mainland China.

责任编辑：李 潇　　　　　　　　　责任校对：谷 洋
装帧设计：于 静　　　　　　　　　责任出版：刘译文

我能管好自己 ⑯
不要发脾气
[英] 亚尼内·阿莫斯 著　　[英] 安娜贝尔·斯彭斯利 绘
[英] 雷切尔·安德伍德 幼教顾问
贾洪宝 译

出版发行：知识产权出版社有限责任公司	网　　址：http://www.ipph.cn
社　　址：北京市海淀区马甸南村 1 号	邮　　编：100088
责编电话：010-82000860 转 8133	责编邮箱：elixiao@sina.com
发行电话：010-82000860 转 8101/8102	发行传真：010-82000893/82005070/82000270
印　　刷：北京中科印刷有限公司	经　　销：各大网上书店、新华书店及相关专业书店
开　　本：787mm×1092mm　1/16	字　　数：40 千字
版　　次：2016 年 1 月第 1 版	印　　张：2
ISBN 978-7-5130-3302-2	印　　次：2016 年 1 月第 1 次印刷
京权图字：01-2015-0591	定　　价：9.00 元

出版权专有 侵权必究
如有印装质量问题，本社负责调换。